Meer malen

Ahoi – und herzlich willkommen zu „MEER malen". Bevor es losgeht, hier noch ein paar ziemlich interessante Informationen über das Meer.

Das Meer ist sehr, sehr wichtig. Etwa 70% der Erde sind von Wasser bedeckt und der größte Teil davon ist Meerwasser.

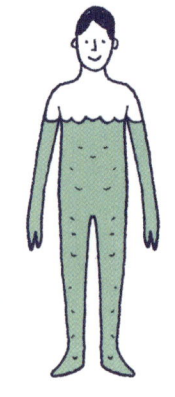

Auch der menschliche Körper besteht zu etwa 70% aus Wasser (allerdings nicht aus Meerwasser)!

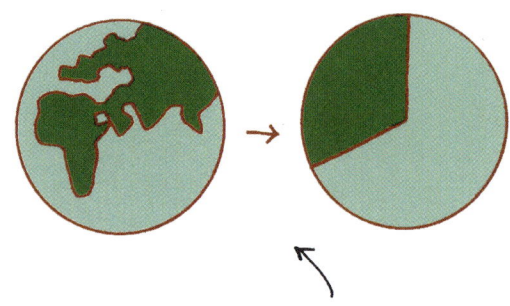

Würde man alles Meer und alles Land zu großen Tortenstücken zusammensetzen, dann sähe die Erdkugel ungefähr so aus.

Die größten Ozeane der Welt sind:

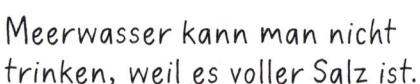

Der größte von ihnen ist der Pazifik.

Der Pazifik

Der Atlantik

Meerwasser kann man nicht trinken, weil es voller Salz ist.

Der Indische Ozean

Das Nordpolarmeer

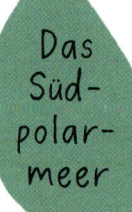
Das Südpolarmeer

Salz

– Bäh…

Das Meer ist vor vielen, vielen Jahren entstanden ...

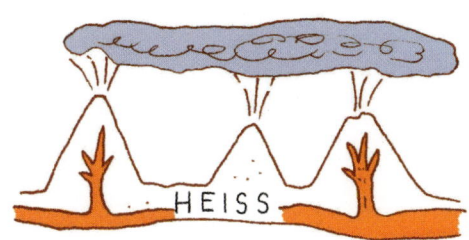

Als die heiße Erde sich abkühlte, brachen Vulkane aus und erzeugten eine Mischung aus Gasen, unter andern auch Wasserstoff und Sauerstoff.

In der Atmosphäre sammelte sich so viel Wasserdampf an, dass das Wasser als Regen nach unten fiel.

Schließlich kühlte die Erde wieder ab und die Ozeane bildeten sich.

Unter dem Meeresspiegel liegen riesige Gebirge und zerklüftete Landschaften.

Ich gehe im Meer bergsteigen.

Wo willst du denn hin?

Im Meer gibt es eine Menge Fische — und auch viele andere Lebewesen ...

Aber damit genug, jetzt geht's ans Malen!

Was haben diese Fische wohl zu Mittag gegessen?
Male es in die Bäuche.

Spaghetti
bolognese

Schnitzel mit Pommes

Wer ist mit dem Schiff unterwegs? Lass ein paar Gesichter durch die Bullaugen schauen.

Welche Farbe hat das Meer?

blau

meergrün

blaugrün

grünblau

grün

türkis

braun

grau

rosa?

azurblau

Das Meer spiegelt die Farbe des Himmels, deshalb erscheint es oft blau. Aber das Meer kann auch grün, grau, türkis oder braun wirken – das hängt vom Licht ab und manchmal noch von anderen Dingen wie Algen und Wasserpflanzen.

Male diese Meere farbig aus.

Welche Farbe hat das Meer bei Sonnenuntergang?

Welche Farbe hat ein zugefrorenes Meer?

Welche Farbe hat das Meer bei Nacht?

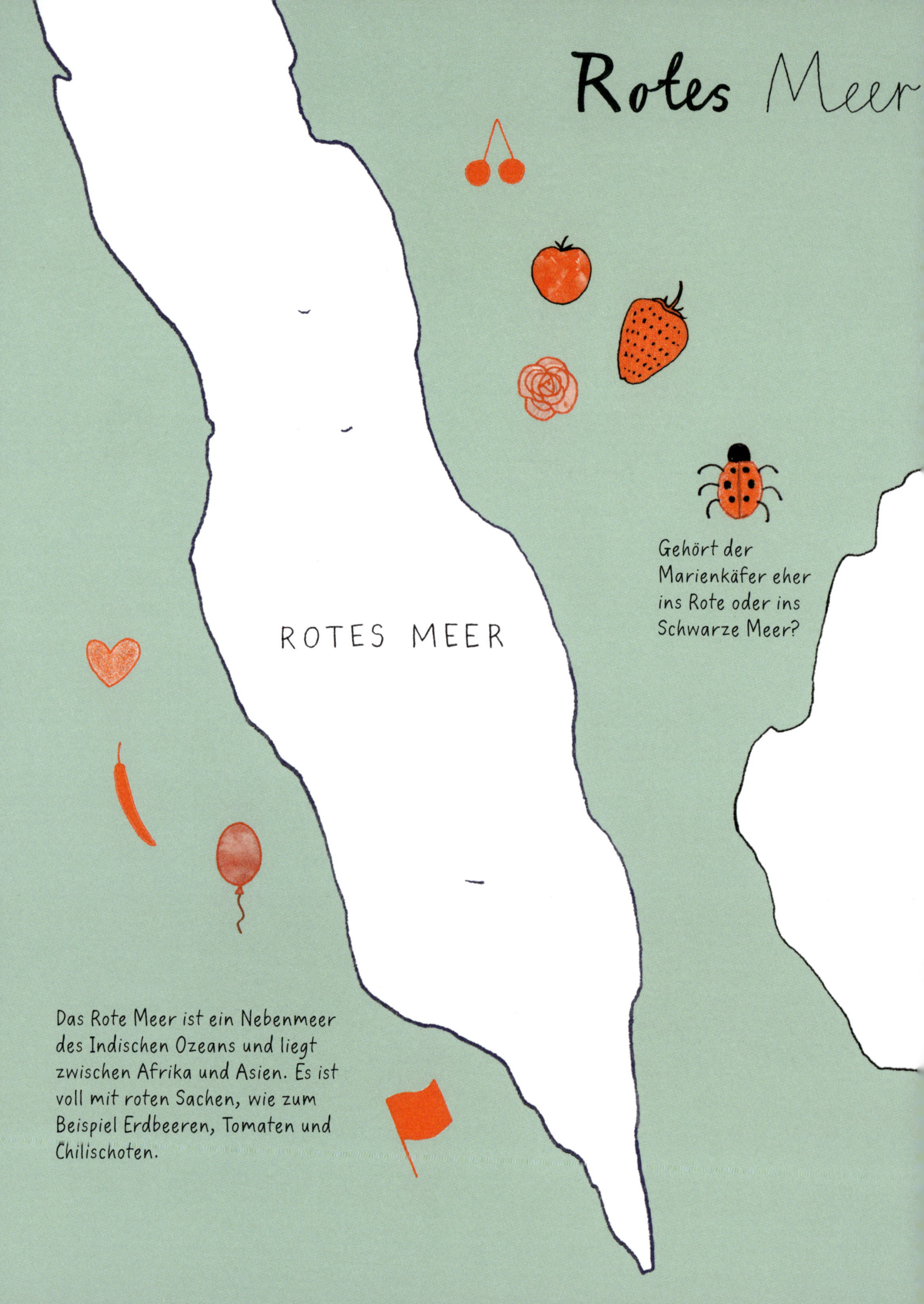

Gehört der
Marienkäfer eher
ins Rote oder ins
Schwarze Meer?

ROTES MEER

Das Rote Meer ist ein Nebenmeer
des Indischen Ozeans und liegt
zwischen Afrika und Asien. Es ist
voll mit roten Sachen, wie zum
Beispiel Erdbeeren, Tomaten und
Chilischoten.

und **Schwarzes** Meer

Das Schwarze Meer grenzt an Rumänien, die Türkei, Russland und einige andere Länder. Es ist voll mit schwarzen Sachen, zum Beispiel Amseln, Käfern und Tinte.

SCHWARZES MEER

Wirf ein paar rote Sachen ins Rote Meer und ein paar schwarze ins Schwarze Meer!

Flaschen - oder Buddelschiff

Große Flasche oder kleines Schiff? Dieses Schiff ist viel zu groß, um in diese Flasche zu passen.

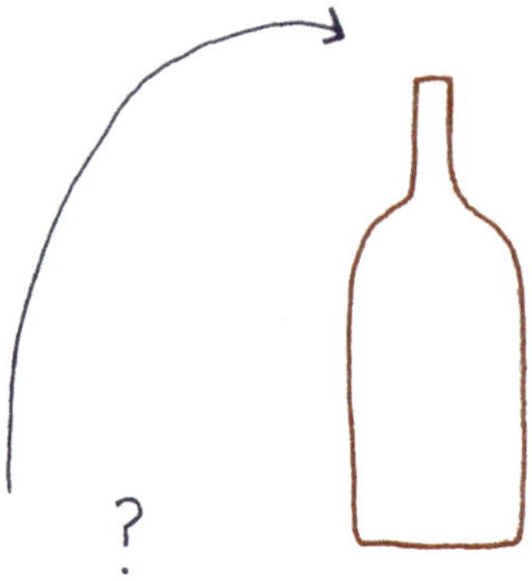

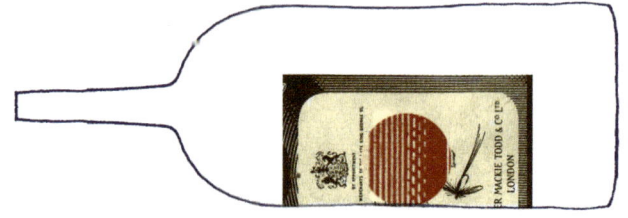

Kannst du ein kleineres Schiff malen,
das in diese Flasche hineinpasst … und
auch welche für die anderen Flaschen?

Pladda
KILMORY (det)

Schmücke die windgegerbten Seefahrer
mit allen möglichen Tattoos.

TATT

Setze diesem
Mann einen
Papagei auf die
Schulter!

HMS NE

GROSS und klein

Im Meer sind über 20.000 Fischarten und Millionen anderer Tiere und Pflanzen zuhause. Das größte Tier ist der Blauwal, der bis zu 30 Meter lang werden kann und bis zu 200 Tonnen wiegt!

Der Blauwal ist sogar größer als der größte Saurier, den es auf der Welt gab.

Sein Herz wiegt manchmal so viel wie ein Auto, und seine Zunge ist so schwer wie ein Elefant!

30 m

Die kleinsten Lebewesen im Meer heißen Plankton. Die kleinsten Planktonarten, Nanoplankton und Mikroplankton, sind so winzig, dass sie mit bloßem Auge nicht zu erkennen sind!

Denk dir ein Gespräch zwischen Bobby Blauwal und Patrizia Plankton aus. Was haben sich die beiden wohl zu sagen?

0.005mm

Salz

Warum ist das Meer so salzig?
Das Meerwasser fließt über und durch die Felsen und
trägt sie ab. Dabei lösen sich kleine Mengen von Salzen
und werden ins Meer gespült. Das Salz verdampft nicht
und so bleibt es im Meer drin.

Male ein bisschen Salz ins Meer.

Und jetzt male ein bisschen Meer ins Salz.

Das TOTE Meer

Das Tote Meer ist
der tiefstgelegene
See der Erde!

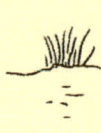

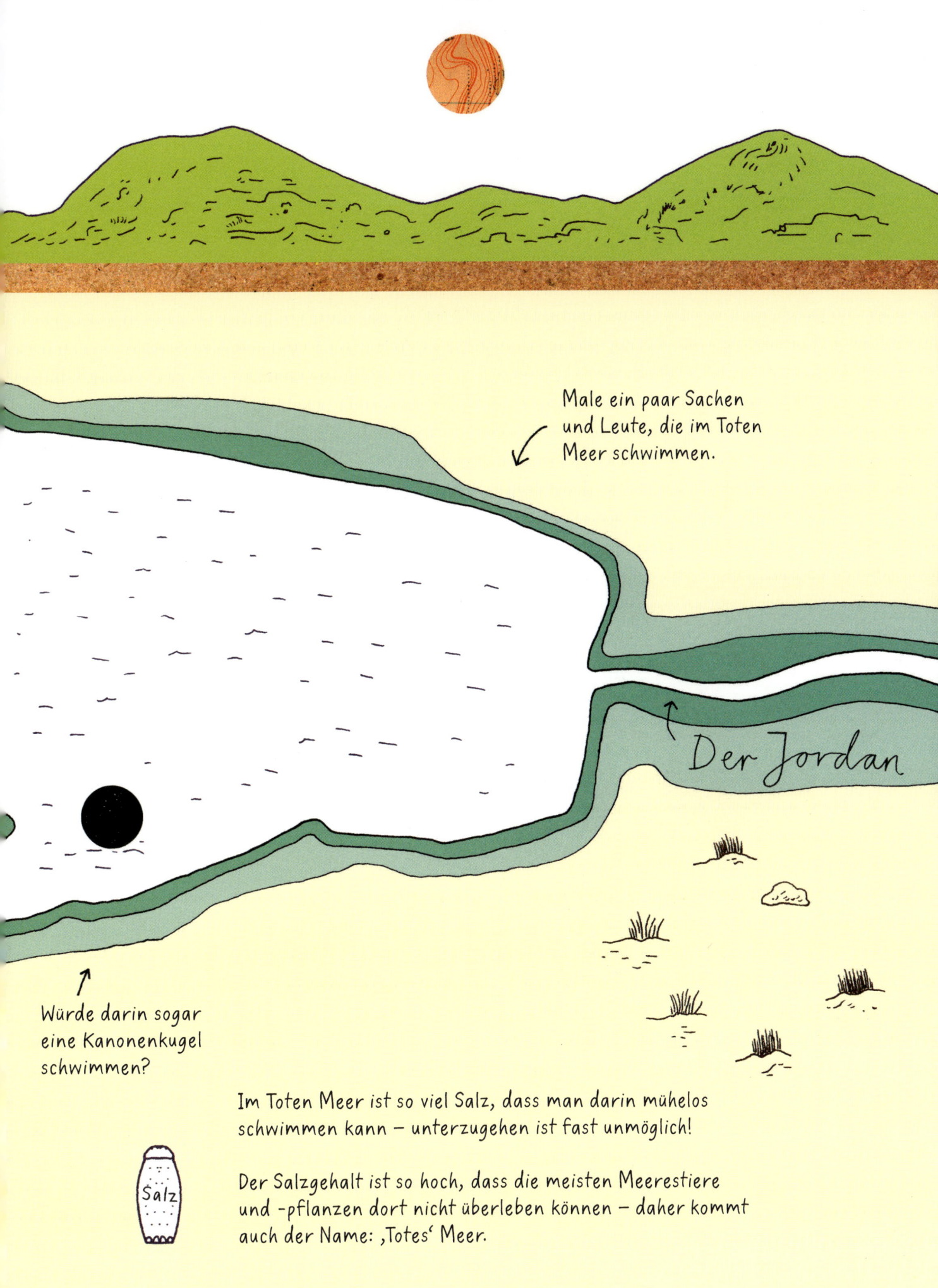

Male ein paar Sachen und Leute, die im Toten Meer schwimmen.

Der Jordan

Würde darin sogar eine Kanonenkugel schwimmen?

Im Toten Meer ist so viel Salz, dass man darin mühelos schwimmen kann – unterzugehen ist fast unmöglich!

Der Salzgehalt ist so hoch, dass die meisten Meerestiere und -pflanzen dort nicht überleben können – daher kommt auch der Name: ‚Totes‘ Meer.

Salz

Diese Fischer haben sich ganz schön verheddert. Wer hat was an der Angel?
Finde es heraus.

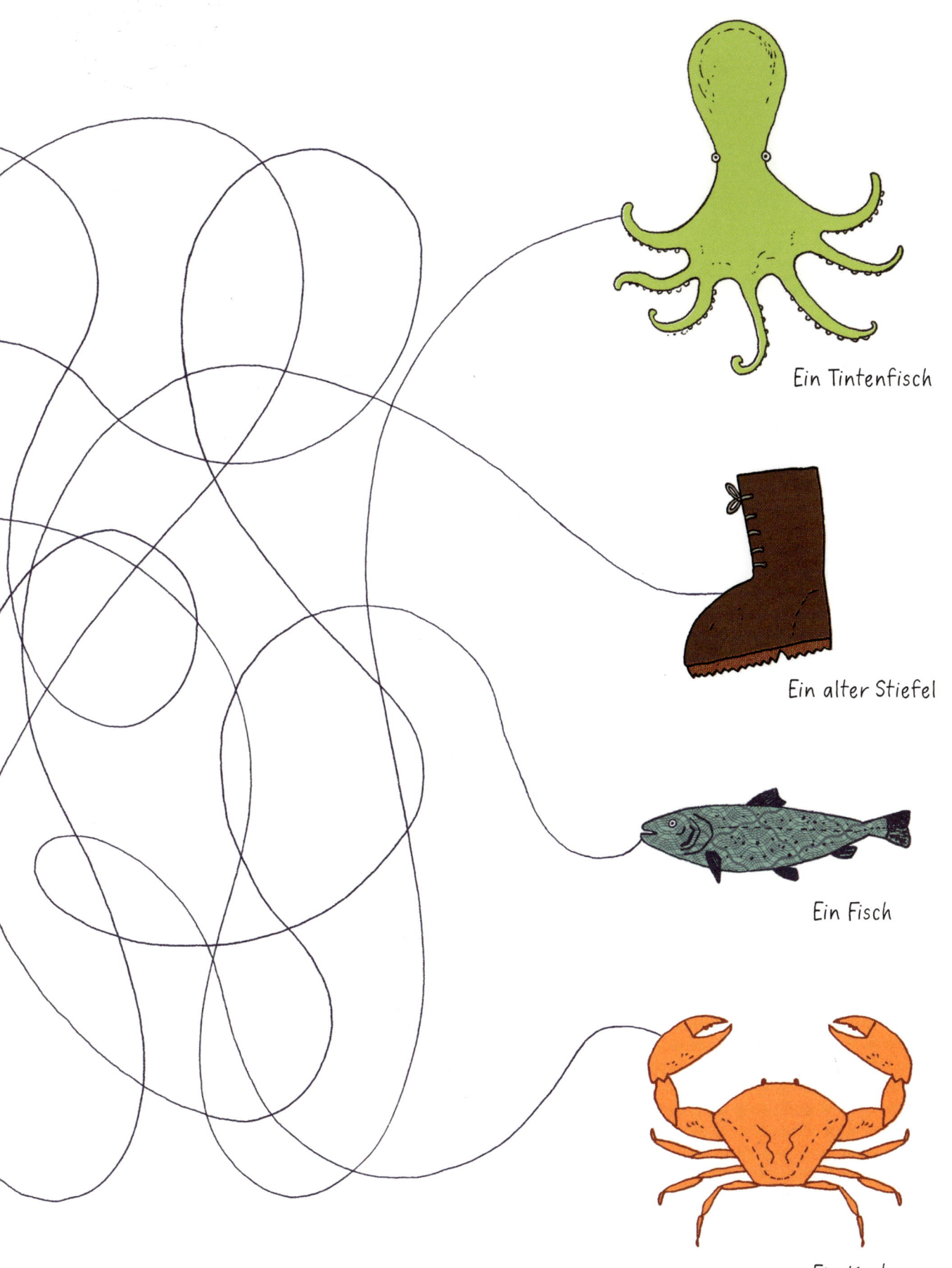

Ein Tintenfisch

Ein alter Stiefel

Ein Fisch

Ein Krebs

Muscheln

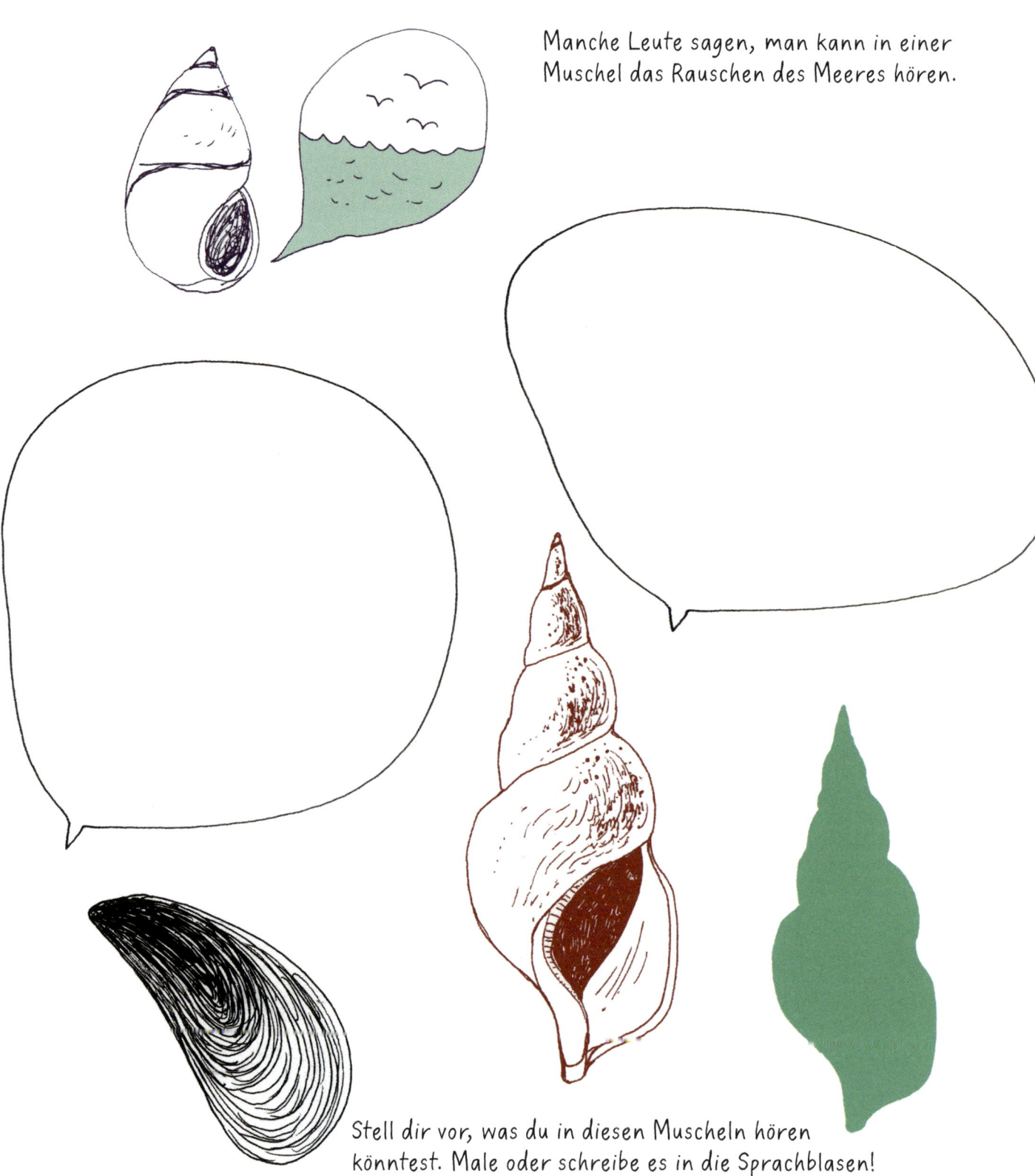

Manche Leute sagen, man kann in einer Muschel das Rauschen des Meeres hören.

Stell dir vor, was du in diesen Muscheln hören könntest. Male oder schreibe es in die Sprachblasen!

Verschiedene Schiffe ...

Auf See sind die seltsamsten und tollsten
Kähne unterwegs. Hier ein paar Beispiele.
Ordne die Bilder den Namen zu ...

Wikingerschiff

Chinesische
Dschunke

Piratenschiff

Containerschiff

Badewanne

Kajak

Salatsieb!?

Bananenboot

Yellow Submarine

Gezeitentümpel

Wenn die Flut zurückgeht, bleiben kleine Meerwassertümpel in den Felsen zurück. Sie sind voller Leben – Napfschnecken, Krebse, Seesterne, Seeanemonen, Seetang und vieles mehr tummelt sich darin!

Male ein paar dieser Meereslebewesen in die Tümpel.

Eine Seeanemone sieht aus wie ein Klecks Gelee, bis sie wieder unter Wasser ist und ihre vielen Tentakel sich öffnen!

Die Napfschnecken klammern sich aus reinem Überlebensdrang an die Felsen! Ihre Schale schützt den weichen Tierkörper im Innern.

Seevögel

Warum werden Seevögel nicht nass?
Trinken sie Meerwasser?
Seevögel haben sich ihrem maritimen
Lebensraum angepasst.

Spezielle Salzdrüsen,
die das Salz aus
dem Meerwasser
herausfiltern.

Wasserdichtes Gefieder (die
Bürzeldrüse gibt ein öliges Sekret
aus Wachs und Fett ab).

Schwimmhäute
zum Schwimmen
und Paddeln

Mancher Vogeldreck lässt
sich als Pflanzendünger
verwenden (als Guano
bekannt)!

Trottellumme

Kormoran

Papageientaucher

Möwe

Lass ein paar Vögel fliegen oder auf den Felsen sitzen.

Die Arche Noah

Eine große Flut wird kommen, deshalb
will Noah von jeder Tierart ein Pärchen
auf seine Arche retten. Bisher hat er von
jeder Art nur ein Tier.

Vervollständige die Pärchen.

Auch Frau Noah fehlt noch!

Der Sturm tobt und die Arche wird auf dem aufgewühlten Meer hin und her geworfen! Den Tieren ist schon ganz schlecht ... Zeichne noch mehr dunkle Wolken und lasse Regen aus ihnen fallen.

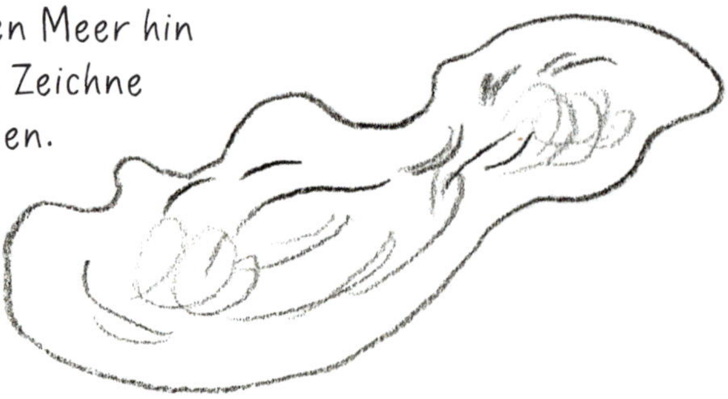

Die einsame Insel

Stell dir vor, du strandest auf einer einsamen Insel, meilenweit weg von allem.

Was würdest du mitnehmen?
Pack es in den Koffer ...

Jonny und der Wal

Hallo, ich heiße Jonny und wurde von einem Wal verschluckt.
Hilfst du mir, den Weg hier rauszufinden?

Unter Wasser atmen

Wie kriegen Fische unter Wasser Luft?

Fische nehmen Wasser über den Mund auf und lassen es durch ihre Kiemen strömen.
Mit den Kiemen nehmen sie den Sauerstoff aus dem Wasser auf und geben ihn ins Blut ab.

Menschen können, ebenso wie die meisten anderen Säugetiere, unter Wasser nicht atmen.

Taucher tragen eine spezielle Ausrüstung, um unter Wasser zu überleben ...

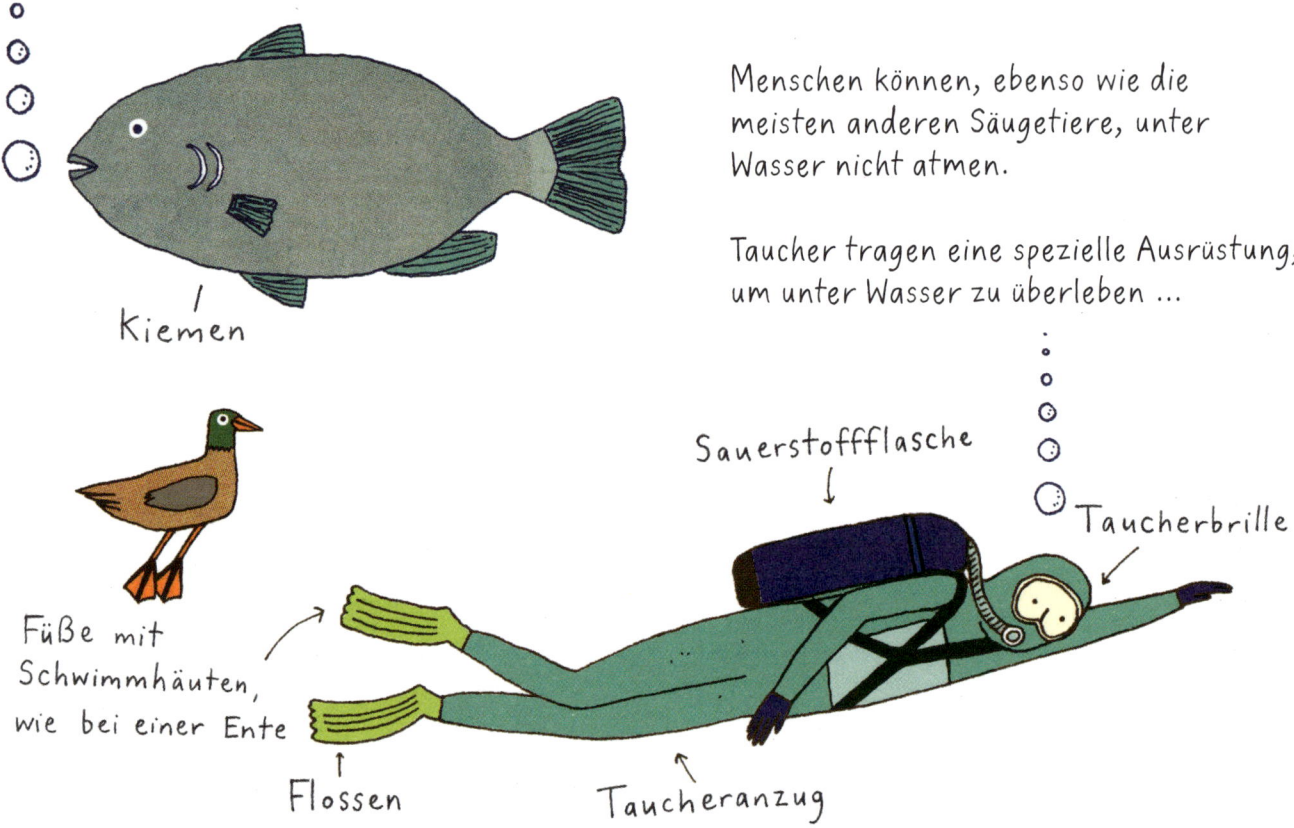

Kiemen

Füße mit Schwimmhäuten, wie bei einer Ente

Flossen

Taucheranzug

Sauerstoffflasche

Taucherbrille

Diesem Pferd sind Schuppen, Flossen und Kiemen gewachsen, jetzt kann es im Meer leben!

Verwandle diese Landtiere in Meerestiere: Gib ihnen
Schuppen, Flossen und Kiemen.

Tiefseetaucher

Tiefseetaucher brauchen ganz besondere Tauchanzüge, damit sie unter Wasser atmen können. Das hier sind ein paar Anzüge von früher – die sehen ziemlich seltsam aus!

Male noch ein paar weitere Taucher ins Meer.

Breitengrad und Längengrad

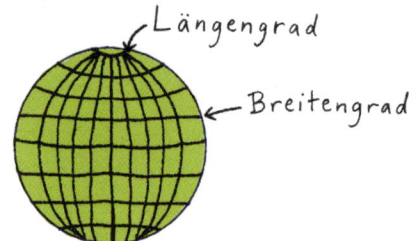

Längengrad

Breitengrad

Die Welt ist in imaginäre Linien unterteilt, die man Breiten- und Längengrade nennt. Die Breitengrade verlaufen horizontal um den Erdball, während die Längengrade vertikal verlaufen. Diese Linien sind nützlich, um die genaue Lage eines Ortes auf der Landkarte markieren zu können. Den Matrosen helfen sie auf See beim Navigieren.

180 W   160 W   120 W   80 W   40 W   N

Zeichne ein Schiff bei 40 Grad westlicher Länge und 40 Grad nördlicher Breite ein.

Was siehst du bei 20 Grad westlicher Länge und 40 Grad südlicher Breite?

Was siehst du bei 160 Grad östlicher Länge und dem Äquator?

Zeichne bei 90 Grad östlicher Länge und 50 Grad nördlicher Breite einen Schatz ein.

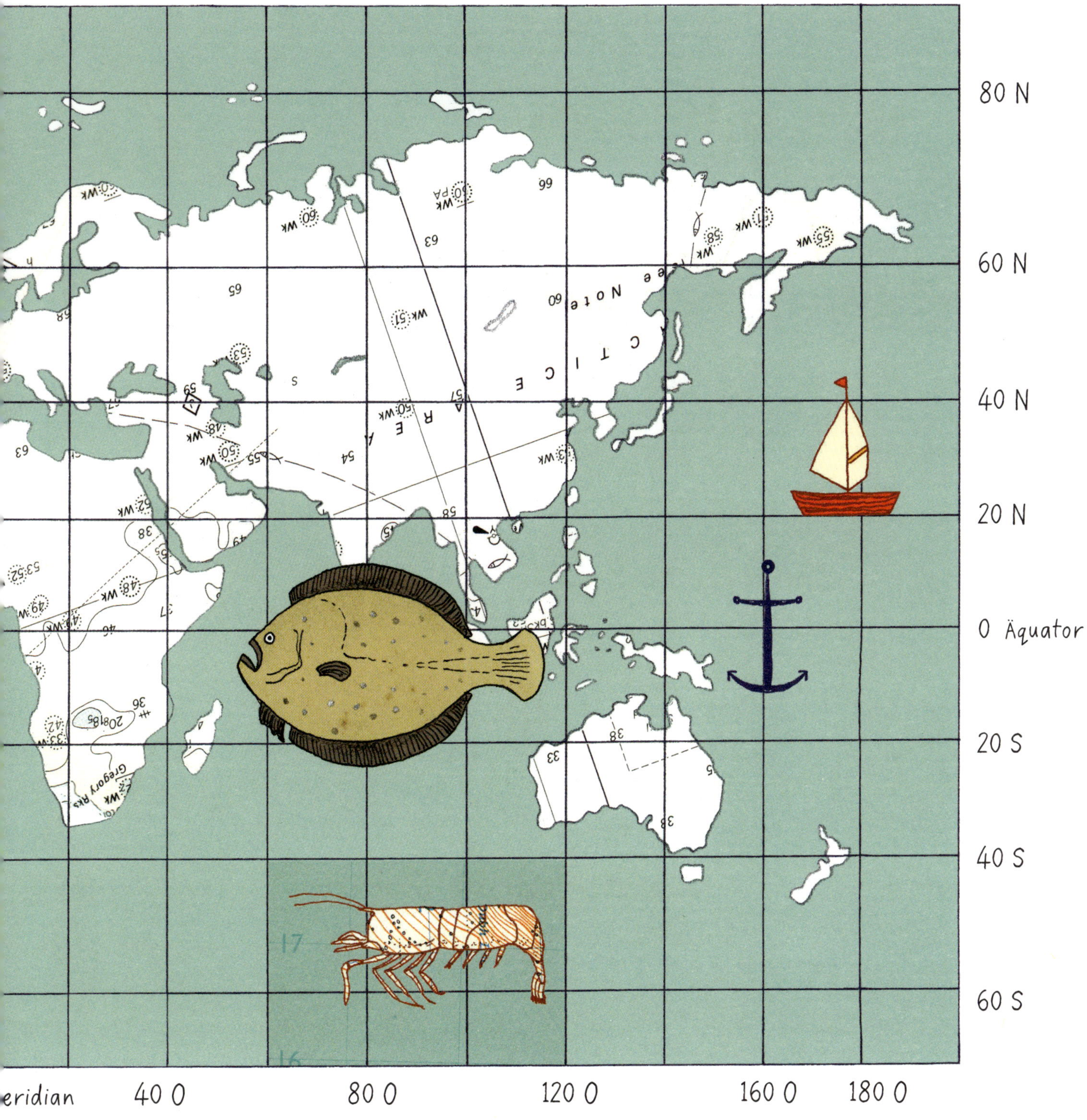

80 N

60 N

40 N

20 N

0 Äquator

20 S

40 S

60 S

eridian   40 O   80 O   120 O   160 O   180 O

Das Bermudadreieck

Das Bermudadreieck ist ein Gebiet im Nordatlantik, das die Form eines Dreiecks besitzt.
Dort sind eine Reihe von Flugzeugen und Schiffen auf rätselhafte Weise verschwunden.

Findest du im Seetang 2 verlorene Schiffe und 3 verlorene Flugzeuge?

GEZEITEN

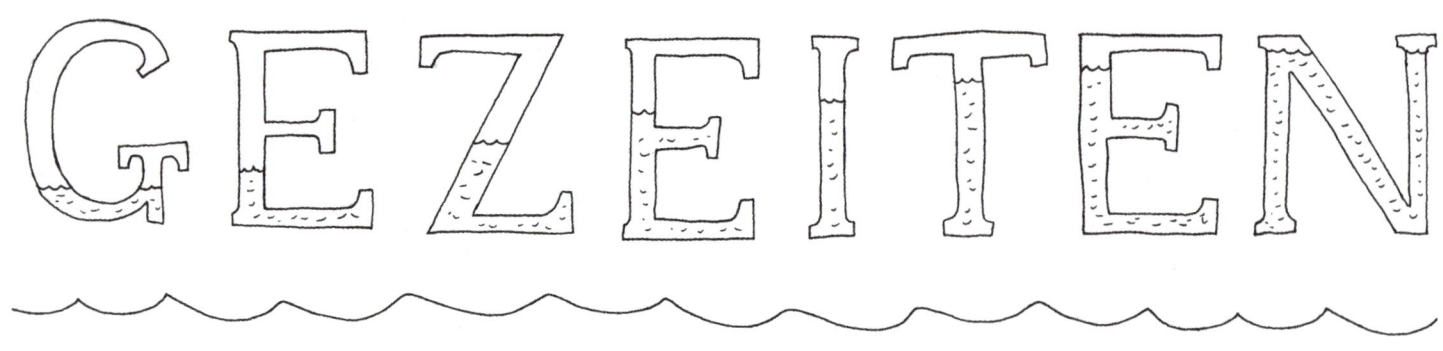

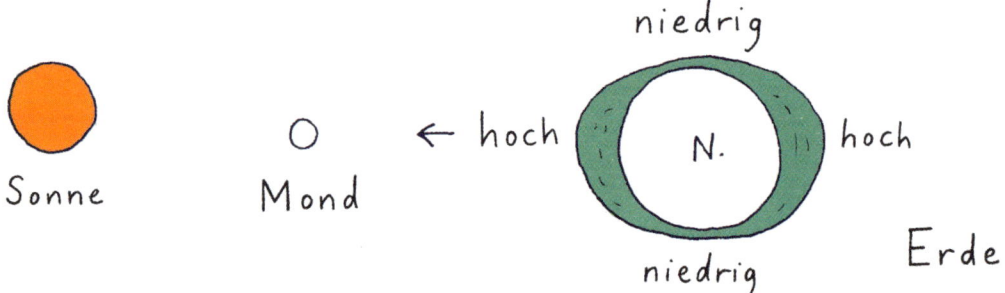

Sonne Mond niedrig ← hoch N. hoch niedrig Erde

Gezeiten sind Wasserbewegungen, die durch die Anziehungskräfte zwischen Erde, Sonne und Mond verursacht werden. Weil die Erde sich dreht, ändern sich diese Kräfte an den verschiedenen Orten der Erde regelmäßig. Dadurch hebt und senkt sich der Meeresspiegel. Das Wasser steigt etwa 6 Stunden, ehe es wieder sinkt. Die Zeit, in der das Wasser steigt, heißt Flut, die Zeit, in der es sinkt, Ebbe.

Stell deinen Wagen
← lieber nicht hier ab...

Niedrigwasser

Hochwasser

Nachdem die Flut gekommen ist, steht das Wasser hoch.

Niedrigwasser   Hochwasser

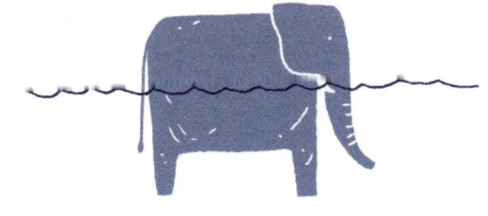

Irgendwo dazwischen

Male ein paar weitere Sachen
bei Hoch- und Niedrigwasser.

Was kann sonst noch hoch oder niedrig sein?

hoch   niedrig   niedrig   hoch

Fallen dir noch mehr Beispiele ein?

7

6

5

4

3

2

1

Energie aus dem MEER

Das Meer ist eine wichtige Quelle für die Energie, die wir jeden Tag verbrauchen. Fossile Brennstoffe wie Erdöl und Erdgas, die unter dem Meeresboden liegen, werden auf Bohrinseln und -schiffen mit riesigen Pumpen gefördert.

Windparks stehen oft im Meer ...

... und die Kraft der Wellen kann ebenfalls zur Energiegewinnung eingesetzt werden. Das ist sehr gut, denn diese Energien sind erneuerbar – sie gehen nicht eines Tages zur Neige wie Öl und Gas.

Dieses Haus wird mit Energie aus dem Meer versorgt.
Baue ein paar Sachen ein, die Strom verbrauchen.

Wir brauchen Energie zum Heizen, um Licht
zu machen und um unser Essen zu kochen ...

HUMMER

Welche Farbe hat ein Hummer?

ungekocht

Auaaaaa

Ein Hummer ist vor dem Kochen blaugrau und danach orangerot. Gib den beiden Hummern die richtige Farbe.

gekocht

Seepferdchen

Seepferdchen haben weder Zähne noch einen Magen. Die Nahrung durchläuft ihr Verdauungssystem so schnell, dass sie fast ununterbrochen fressen müssen, um am Leben zu bleiben. Sie ernähren sich sehr ausgewogen von Garnelen, Würstchen, Kuchen und Karotten.

Hier ist ein sehr hungriges Seepferdchen. Schnell, lade ihm jede Menge Essen auf den Teller!

Allerdings kommen ihnen Würstchen, Kuchen und Karotten nur selten unter. Deshalb gibt's meistens Garnelen.

Kopf

Arm

Arm

Bein Bein

Seesterne

Seesterne haben fünf Arme.
Oder sind es Beine? Vielleicht
sowohl als auch?

Seesterne besitzen die erstaunliche Fähigkeit, ihre Arme
nachwachsen zu lassen, wenn sie abgetrennt werden. Bei
manchen Arten kann aus einem einzelnen Arm sogar ein
vollständiger neuer Körper wachsen.

Lass diesen Seesternen die fehlenden Arme wachsen.

Seesternbilder

Am Himmel stehen viele Sterne und am Strand liegen viele Seesterne!
Die Sterne bilden Muster, die man Sternbilder nennt. Manche von den Sternbildern
auf der Seite gegenüber basieren auf wirklichen Sternbildern, andere nicht ...

Denk dir selber ein paar Sternbilder mit
Seesternen aus und halte sie hier fest.

Fantastische Fische

Hier sind ein paar seltsam aussehende Fische.
Denk dir selber noch welche aus!

Katzenwelse

Papageienfisch

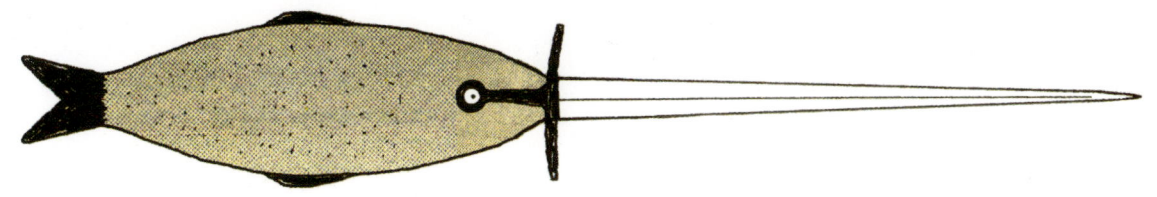

Schwertfisch

Hundsfisch

Walfontänen

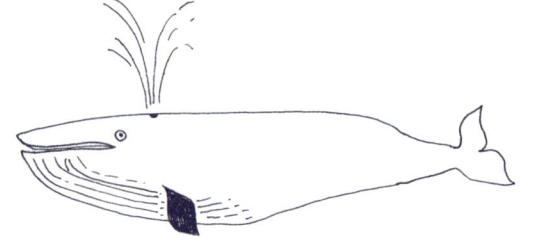

Wale sind Säugetiere und können unter Wasser nicht atmen. Sie atmen durch ein Atemloch oben in ihrem Kopf und können lange unter Wasser bleiben. Wenn der Wal ausatmet, schießt eine Fontäne aus Luft und Wasser in die Höhe. Geübte Beobachter können die verschiedenen Walarten an ihren Fontänen unterscheiden. Male unterschiedliche Fontänen, die aus den Blaslöchern dieser Wale kommen.

Zwergpottwal

Falte ein **Origami-Schiff**

 ------ Faltlinie

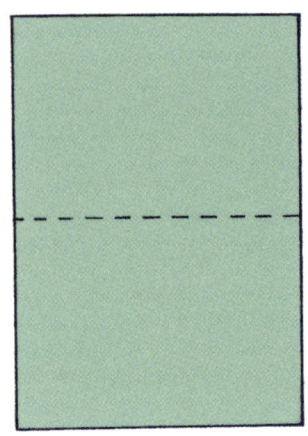

1 Ein Blatt A4-Papier in der Mitte falten.

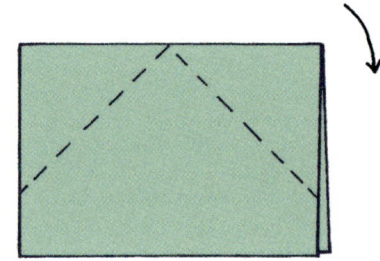

2

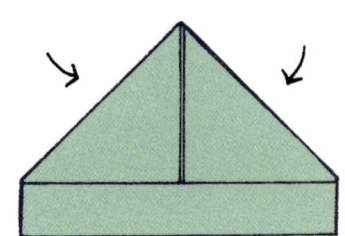

3 Die Ecken nach innen falten.

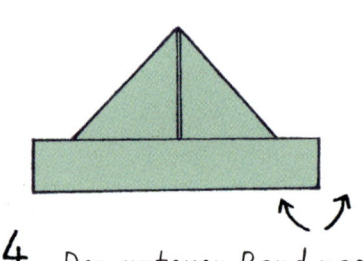

4 Den unteren Rand nach oben falten. Umdrehen und wiederholen.

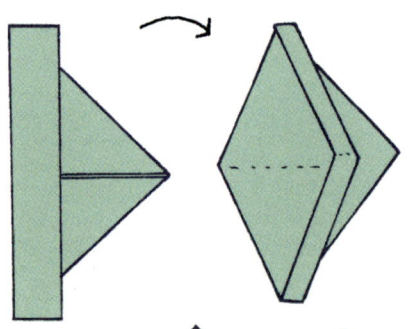

5

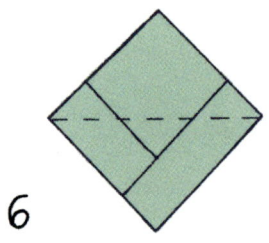

6

In der Mitte anheben und auseinanderziehen, beide Ecken zusammenschieben und aufeinanderpressen. Du solltest jetzt ein Quadrat haben.

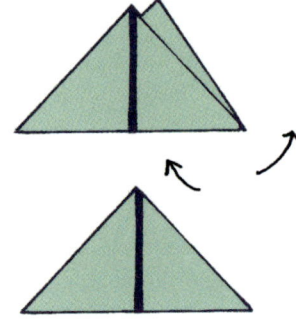

7 Die untere Ecke nach oben falten, so dass ein Dreieck entsteht. Umdrehen und wiederholen.

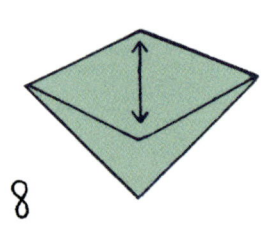

8

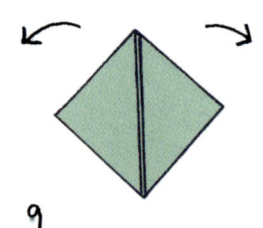

9

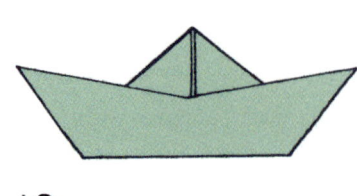

10

Jetzt öffnen und die Ecken auseinanderziehen und zusammendrücken, um den Kiel des Bootes zu bilden.

Male dein Boot an und
gib ihm einen Namen!

Male diese Boote bunt an!

Eine Planktongeschichte